DAS PUMMELEINHORN Dessertbuch

Das Pummeleinhorn Dessertbuch

Leckereien für den Naschbrettbauch

riva

Bibliografische Information der Deutschen Nationalbibliothek
Die Deutsche Nationalbibliothek verzeichnet diese Publikation in der Deutschen Nationalbibliografie.
Detaillierte bibliografische Daten sind im Internet über http://d-nb.de abrufbar.

Für Fragen und Anregungen
info@rivaverlag.de

Wichtiger Hinweis
Ausschließlich zum Zweck der besseren Lesbarkeit wurde auf eine genderspezifische Schreibweise sowie eine Mehrfachbezeichnung verzichtet. Alle personenbezogenen Bezeichnungen sind somit geschlechtsneutral zu verstehen.

Originalausgabe
3. Auflage 2022

Türkenstraße 89
80799 München
Tel.: 089 651285-0
Fax: 089 652096

Rezepte und Fotos: Emma Friedrichs/Katharina Karpenkiel-Brill
Redaktion: Dr. Kirsten Reimers
Illustrationen: Stephanie Engel, Pummeleinhorn GmbH
Umschlaggestaltung: Laura Osswald
Layout: Isabella Dorsch
Satz: Satzwerk Huber, Germering
Druck: Livonia Print, Riga, Lettland
Printed in the EU

ISBN Print 978-3-7423-0376-9
ISBN E-Book (PDF) 978-3-95971-894-3
ISBN E-Book (EPUB, Mobi) 978-3-95971-895-0

Weitere Informationen zum Verlag finden Sie unter
www.rivaverlag.de
Beachten Sie auch unsere weiteren Verlage unter www.m-vg.de

Inhalt

Pummeltastische Kuchen und Desserts

Funfetti-Erdbeer-Törtchen 11
Quark-Sahne-Wolken im Glas mit frischen Beeren 15
Tiramisu im Glas 17
Triple-Marmorkuchen 19
Brownies mit Quarktopping 21
Schoko-Äpfel 23
Pummelfees Himbeermousse 25
Regenbogeneis am Stiel 27
Regenbogen-Mini-Cheesecakes 29
Cremige Beerenwaffeln 31
Icecream-Cookie-Sandwiches 33
Saftige Buttermilchwaffeln 35
Waffelbites 37
Schokozauber-Tartelettes 39

Muffins, Cupcakes & Co.

Blitzschneller Tassenkuchen 45
Schoko-Minz-Cupcakes 47
Mini-Käsekuchen mit Sternenkaramell 49
Riesenzimtschnecken 51
Pummelschnecken mit Beerenfüllung 53
Blaubeer-Kokos-Cupcakes 55
Schoko-Cupcakes mit weißer Mähne 57
Eiswaffel-Cupcakes 61
Marshmallow-Pops 63
Schoko-Bananen-Cupcakes 65
Käsekuchen-Pops 69
Apfel-Karamell-Donuts aus dem Backofen 71
Feigen-Walnuss-Cupcakes 73
Blaubeer-Streusel-Muffins 75
Cookie-Dough-Cupcakes 77
Funfetti-Cupcakes 81
Schwarzwälder-Kirsch-Cupcakes 83
Bunte Pummel-Cupcakes 85
Mini-Zitronen-Gugl 87

Einhorn-Cookies & Friends

Pummels liebste Chocolate Chip Cookies 91
Bunte Keksteigpralinen 93
Schokoladen-Whoopies mit Kirschgrütze 95
Wunderzimt-Cookies 97
Knusprige Ein-Hörner 99
Schoko-Cookies mit Naschkern 101
Brownie-Cookies 103
Cerialien-Cookies 105
Riesige Chocolate Chip Cookies mit Schokolinsen 107
Salzbrezel-Karamell- Cookies 109
Süßer Pummelspeck 111
Glitzerwelt-Fudge 115
Kaltes Einhorn 117

Regenbogenbunte Smoothies, Bowls und Shakes

Pummelfee-Smoothie-Bowl 121
Oreo-Nicecream-Shake 123
Hot-Chocolate-Sticks aus weißer Schokolade 125
Traum in Pink 127

»Mit mir ist
GUT KEKSE ESSEN!«

Pummeleinhorn mag Blumen, seine flauschigen Freunde, Regenbogen und natürlich alles, was hübsch glitzert. Doch am allerliebsten mag Pummel Kekse! Er findet nämlich, dass ein Einhorn ohne Bauch genauso traurig ist wie ein Himmel ohne Sterne – und das wäre doch wirklich schade. Daher lässt es sich Pummel schmecken, wann immer er kann. Er genießt das Leben und seine Köstlichkeiten in vollen Zügen.

Und weil geteiltes Glück bekanntlich doppeltes Glück ist, möchte Pummel seine liebsten Rezepte mit dir teilen! In diesem Buch findest du daher alles, was das Einhornherz höher schlagen lässt. Von Icecream-Sandwiches über Funfetti-Cupcakes bis hin zu Riesen-Zimtschnecken sind hier zahlreiche Leckereien für den Naschbrettbauch enthalten.

Wenn du Pummels Leckereien nachmachen möchtest, folge einfach den Schritt-für-Schritt-Anleitungen des Rezepts. Du findest darüber hinaus jeweils Angaben für benötigtes Zubehör, zur Zubereitungszeit und viele einhorntastische Dekorationstipps – das Auge nascht schließlich mit!

Also: **Mach dir dein Glück einfach selbst!**

Viel Spaß beim Backen wünscht dein

PUMMEL EINHORN

Pummeltastische
KUCHEN UND DESSERTS

Funfetti-Erdbeer-Törtchen

ETWA 12 STÜCK * ZUBEREITUNGSZEIT (OHNE BACK- UND KÜHLZEIT): 60 MINUTEN

Für die Böden:
4 Eier
1 Prise Salz
100 g Zucker
100 g Mehl
1 Pck. Vanillepuddingpulver
1 gestr. TL Backpulver

Für die Füllung:
250 g frische Erdbeeren
200 ml Sahne
1 Pck. Gelatine Fix
200 g Frischkäse
4 EL Zitronensaft
3 EL Zucker
6 EL Erdbeer-Fruchtaufstrich

Für die Deko:
100 g weiche Butter
50 g Puderzucker, gesiebt
200 g Frischkäse
ca. 100 g Zuckerkonfetti

Zubehör:
2 Springformen (à 16 cm)
1 Tortenring

1. Den Backofen auf 180 °C (Ober-/Unterhitze) vorheizen. Die Springformen mit Backpapier auslegen.

2. Die Eier trennen und das Eiweiß mit dem Salz steif schlagen. Den Zucker dabei einrieseln lassen. Die Eigelbe verquirlen und vorsichtig unterheben. Das Mehl, das Puddingpulver und das Backpulver mischen, auf die Eimasse sieben und vorsichtig unterheben.

3. Den Teig auf 2 Springformen verteilen und im Backofen 12–15 Minuten backen. Stäbchenprobe nicht vergessen. Die Böden aus dem Ofen holen, vorsichtig aus der Form lösen und auf einem Kuchengitter abkühlen lassen. Jeden Boden einmal waagerecht halbieren.

4. Für die Füllung die Erdbeeren putzen, waschen und würfeln. Die Sahne steif schlagen und die Gelatine dabei einrieseln lassen. Den Frischkäse mit Zitronensaft und Zucker glatt rühren. Die Sahne unterheben.

5. Den ersten Boden auf eine Tortenplatte setzen und mit einem Tortenring umschließen. 2 EL Erdbeer-Fruchtaufstrich auf den Boden geben und verstreichen. 1/3 der Frischkäsecreme auf den Fruchtaufstrich streichen und mit 1/3 der Erdbeerwürfel belegen. Den zweiten Boden auflegen und den Vorgang wiederholen. Den dritten Boden auflegen und den Vorgang ebenfalls wiederholen. Den letzten Boden nur auflegen und mit Frischhaltefolie abdecken. Das Törtchen mindestens 4 Stunden kühlen.

6. Für das Frosting die Butter hell aufschlagen. Das Puderzucker löffelweise unterziehen. Den Frischkäse unterrühren. Das Törtchen vorsichtig aus dem Ring lösen und mit dem Frosting bestreichen. Das Törtchen komplett mit dem Zuckerkonfetti einkleiden und servieren.

Kein Dessert ist auch keine Lösung!

Quark-Sahne-Wolken im Glas mit frischen Beeren

4 PORTIONEN * ZUBEREITUNGSZEIT: 10 MINUTEN

Zutaten:
250 ml Sahne
500 g Quark
5 geh. EL Puderzucker
1 TL Vanilleextrakt
200 g Granola (oder grob zerbröselte Cookies)
150 g frische Beeren (z. B. Blaubeeren, Himbeeren und Brombeeren)

Zubehör:
4 Gläser à 200 ml
ggf. Spritzbeutel

1. Die Sahne zusammen mit dem Puderzucker steif schlagen. Dann mit dem Quark und dem Vanilleextrakt vermengen.

2. Die Hälfte der Granola auf 4 Gläser verteilen. Mit Hilfe eines Spritzbeutels oder eines Löffels ebenfalls die Hälfte der Quark-Sahne-Creme auf die Gläser verteilen. Diese mit einer zweiten Schicht Granola toppen und übrige Creme daraufgeben.

3. Die Gläser mit den Beeren und noch ein wenig Granola dekorieren. Auf Wunsch etwas Puderzucker über die Beeren geben.

Tiramisu im Glas

4 PORTIONEN * ZUBEREITUNGSZEIT (OHNE KÜHLZEIT): 20 MINUTEN

Zutaten:
3 frische Eier (M)
55 g Zucker
250 g Mascarpone
8–9 Löffelbiskuits
8 EL starker Kaffee (kalt)
4 TL Mandellikör oder Mandelsirup
2 EL Kakaopulver zum Bestäuben

Zubehör:
4 Gläser à 200 ml
ggf. Spritzbeutel

1. Die Eier trennen. Die Eigelbe zusammen mit der Hälfte des Zuckers und der Mascarpone cremig rühren. Das Eiweiß steif schlagen und dabei langsam den übrigen Zucker einrieseln lassen. Den Eischnee unter die Mascarponecreme heben.

2. Die Löffelbiskuits grob zerbröseln. Den Kaffee mit dem Mandellikör bzw. Mandelsirup verrühren.

3. Die Hälfte der Löffelbiskuits auf 4 Gläser verteilen und mit der Hälfte der Kaffeemischung beträufeln. Mit Hilfe eines Spritzbeutels oder eines Löffels ebenfalls die Hälfte der Mascarponecreme auf die Gläser verteilen. Diese mit einer zweiten Schicht Löffelbiskuits und Kaffeemischung toppen und übrige Creme daraufgeben.

4. Vor dem Servieren das Tiramisu im Glas großzügig mit Kakaopulver bestäuben.

Triple-Marmorkuchen

ZUBEREITUNGSZEIT (OHNE BACK- UND KÜHLZEIT): 45 MINUTEN

Zutaten:
250 g Butter
200 g Zucker
4 Eier (Größe M)
1 EL Vanilleextrakt
375 g Mehl
1 Päckchen Backpulver
100 ml Buttermilch + 4 EL
2 EL Kakaopulver
2 EL Fruchtpulver von gefriergetrockneten Früchten (z. B. Schwarze Johannisbeere oder Himbeere)
etwas Lebensmittelfarbe in Pink

Für die Deko:
150 g Kuvertüre (zartbitter)
50 g Glasurlinsen, z. B. in Lila
weiße Zuckerstreusel in verschiedenen Größen

Zubehör:
Gugelhupfbackform (20 cm Durchmesser)

1. Den Backofen auf 175 °C (Ober-/Unterhitze) vorheizen.

2. Butter und Zucker zusammen aufschlagen. Nach und nach die Eier und den Vanilleextrakt hinzufügen.

3. Mehl und Backpulver in einer zweiten Schüssel vermengen und abwechselnd mit der Buttermilch zur Butter-Ei-Mischung geben.

4. Den Teig auf drei Schüsseln verteilen und dabei eine Portion etwas größer lassen. Die größte Portion bleibt hell. In die beiden anderen Portionen je Kakaopulver bzw. Fruchtpulver und 2 EL Buttermilch einrühren. Die Lebensmittelfarbe zum fruchtigen Teig geben.

5. Die verschiedenfarbigen Teige übereinander in eine gefettete und bemehlte Gugelhupfbackform geben und zum Schluss mit einer Gabel Schlieren durch den Teig ziehen, damit eine hübsche Marmorierung entsteht.

6. Den Gugelhupf ca. 50 Minuten backen. Danach 15 Minuten auf einem Rost in der Form abkühlen lassen, dann stürzen und vollständig auskühlen lassen.

7. Für den Guss die Kuvertüre und die Glasurlinsen schmelzen. Erst die Kuvertüre über den Gugelhupf geben. Dann die geschmolzenen Glasurlinsen in Streifen darüberziehen. Mit weißen Zuckerstreuseln dekorieren.

Brownies mit Quarktopping

12 STÜCK * ZUBEREITUNGSZEIT (OHNE BACK- UND KÜHLZEIT): 30 BIS 45 MINUTEN

Für die Brownies:
100 g weiche Butter
130 g brauner Rohrzucker
2 Eier
1 TL Vanilleextrakt
150 g Mehl
2 TL Backpulver
40 g Kakao
200 ml Milch

Für das Topping:
400 g Speisequark
1 EL Zucker
1 Pck. Vanillezucker
2 TL Zitronensaft
150 ml Sahne
1 Pck. Sahnesteif
Lebensmittelfarbe in Pink oder Rosa

Für die Deko:
Zuckerperlen
Zuckerdekore

Zubehör:
tiefes Backblech (20 x 25 cm)
Spritzbeutel
Sterntülle

1. Den Backofen auf 180 °C (Ober-/Unterhitze) vorheizen. Ein Backblech mit Backpapier auslegen.

2. Butter und Rohrzucker cremig aufschlagen. Eier nacheinander unterschlagen – jedes etwa 30 Sekunden. Vanilleextrakt dazugeben.

3. Mehl, Backpulver und Kakao mischen und im Wechsel mit der Milch unter die Butter-Ei-Masse heben.

4. Den Teig in die Backform füllen und etwa 20 Minuten backen. Stäbchenprobe nicht vergessen. Den Brownie aus dem Ofen holen und auf einem Kuchengitter abkühlen lassen.

5. Für das Toppping den Quark mit Zucker, Vanillezucker und Zitronensaft glatt rühren. Die Sahne steif schlagen, Sahnesteif dabei einrieseln lassen. Vorsichtig unter die Quarkmasse heben. Die Creme mit Lebensmittelfarbe rosa färben und in einen Spritzbeutel mit Sterntülle füllen.

6. Den Brownie in etwa 12 Stücke schneiden und je einen Quarkswirl auf die Stücke drücken. Die Browniestücke mit Zuckerperlen und -dekoren verzieren und servieren.

Schoko-Äpfel

8 STÜCK * ZUBEREITUNGSZEIT (OHNE KÜHLZEIT): 20 MINUTEN

Zutaten:
8 kleine Äpfel
80 g Schokolade
½ TL Kokosöl
1–2 EL Zuckerstreusel

Zubehör:
8 Holzstäbchen oder Cake-Pop-Stiele

1. Die Äpfel waschen und trocknen lassen. Die Holzstäbchen in die Äpfel stecken.

2. Die Schokolade hacken und zusammen mit Kokosöl im heißen Wasserbad schmelzen. Etwas abkühlen lassen und über die Äpfel geben.

3. Die Zuckerstreusel auf die Schokolade streuen und auf einem Kuchengitter abkühlen lassen.

Pummelfees Himbeermousse

5–6 GLÄSER * ZUBEREITUNGSZEIT (OHNE KÜHLZEIT): 45 MINUTEN

Für die Himbeermousse:
350 g Himbeeren (TK)
40 g Zucker
3 Blatt Gelatine
1 Eiweiß
1 Prise Salz
100 g Sahne
1 Pck. Vanillezucker

Für die Schokomousse:
150 g weiße Schokolade
200 g Sahne
250 g Mascarpone

Für die Deko:
geraspelte Schokolade
Himbeeren nach Belieben

Zubehör:
5–6 Gläser à 200 ml

1. Für die Himbeermousse die Himbeeren mit Zucker und etwas Wasser in einem kleinen Topf mischen und weich dünsten. Das Himbeerpüree durch ein Haarsieb passieren. Die Gelatine in kaltem Wasser einweichen, ausdrücken und im heißen Püree auflösen. Zum Abkühlen beiseitestellen.

2. Das Eiweiß mit dem Salz steif schlagen und vorsichtig unter das abgekühlte Püree ziehen. Die Sahne steif schlagen und Vanillezucker dabei einrieseln lassen. Die Sahne unter das Himbeerpüree heben und kühl stellen.

3. Für die Schokoladenmousse die Schokolade hacken und in eine kleine Schale füllen. 100 g Sahne erhitzen und über die Schokolade geben. Abdecken und etwa 5 Minuten ziehen lassen. Danach zu einer cremigen Ganache rühren und abkühlen lassen. Die Mascarpone unterrühren. Die restliche Sahne steif schlagen und unter die Schokoladencreme heben.

4. Die Himbeer- und Schokoladenmousse im Wechsel in Gläser füllen. Mit Himbeeren und geraspelter Schokolade dekorieren und servieren.

Regenbogeneis am Stiel

8 STÜCK * ZUBEREITUNGSZEIT (OHNE KÜHLZEIT): 30 MINUTEN

Für die lilafarbene Schicht:
½ Banane
50 g Kokosmilch aus der Dose
60 g Blaubeeren (TK)

Für die grüne Schicht:
2 Kiwis
50 g Kokosmilch aus der Dose
Lebensmittelfarbe, grün (optional)

Für die gelbe Schicht:
½ Banane
50 g Kokosmilch aus der Dose
60 g Pfirsichspalten (frisch oder aus der Dose)

Für die rote Schicht:
½ Banane
50 g Kokosmilch aus der Dose
60 g Himbeeren

Zubehör
Zubehör
1 Hochleistungsblender
Eisform für 8 Stück
Holzstäbchen

1. Für die lilafarbene Schicht die Bananenhälfte schälen und in Stücke schneiden. Zusammen mit den Blaubeeren und der Kokosmilch fein pürieren. Das Püree auf die Eisförmchen verteilen und bis zur weiteren Verwendung frosten. Den Hochleistungsblender reinigen.

2. Für die grüne Schicht die Kiwis schälen und den Strunk entfernen. Zusammen mit Kokosmilch pürieren. Bei Bedarf ein wenig nachfärben. Das Kiwipüree gleichmäßig auf die Blaubeerschicht verteilen und weiterfrosten. Den Hochleistungsblender reinigen.

3. Für die gelbe Schicht die Bananenhälfte schälen und in Stücke schneiden. Zusammen mit der Kokosmilch und den Pfirsichspalten fein pürieren und gleichmäßig auf die Kiwischicht verteilen. Das Eis bis zur weiteren Verwendung frosten.

4. Für die rote Schicht die Bananenhälfte schälen und in Stücke schneiden. Zusammen mit der Kokosmilch und den Himbeeren pürieren und gleichmäßig auf die Pfirsichschicht verteilen. Die Holzstäbchen mittig in die Eismasse schieben und mindestens 4 Stunden frosten.

5. Vor dem Verzehr die Form kurz unter lauwarmes Wasser halten. Das Eis aus der Form lösen und sofort genießen.

Tipp:
Kokosmilch aus der Dose muss vor der Verwendung geschüttelt werden.

Regenbogen-Mini-Cheesecakes

3 STÜCK * ZUBEREITUNGSZEIT (OHNE KÜHLZEIT): 30 MINUTEN

Für den Boden:
50 g Butter
70 g Butterkekse

Für die Creme:
300 g Frischkäse
1 Beutel Gelatine Fix
200 g Crème fraîche
1 TL Vanilleextrakt
60 g Zucker
1 EL Zitronensaft
Lebensmittelfarbe in Pink, Gelb, Grün und Blau

Für die Deko:
Zuckerperlen
Mini-Marshmallows

Zubehör:
3 Dessertringe (à 7,5 cm)

1. Für den Boden die Butter schmelzen und etwas abkühlen lassen. Die Butterkekse fein zerbröseln und mit der Butter mischen. Die zerbröselten Kekse auf die Dessertringe verteilen und fest andrücken. Für etwa ½ Stunde kühl stellen.

2. Für die Creme den Frischkäse kurz aufschlagen. Die Gelatine unter den Frischkäse ziehen. Crème fraîche, Vanilleextrakt, Zucker und Zitronensaft unterheben und glatt rühren. Die Cheesecakemasse gleichmäßig auf 4 Schälchen verteilen und je einmal pink, gelb, grün und blau färben.

3. Als Erstes die blaue Creme gleichmäßig auf den Keksboden verteilen und glatt streichen. Die gelbe, grüne und pinke Schicht nacheinander einfüllen und glatt streichen. Die Törtchen im Kühlschrank mindestens 4 Stunden kühlen.

4. Vor dem Servieren etwa ½ Stunde frosten, so lassen sich die Törtchen besser aus den Dessertringen lösen.

5. Die Mini-Cheesecakes aus den Ringen lösen, dazu einfach auf ein Glas stellen und den Dessertring vorsichtig nach unten ziehen.

6. Mit Mini-Marshmallows und Zuckerperlen dekorieren und servieren.

Cremige Beerenwaffeln

CA. 16 STÜCK * ZUBEREITUNGSZEIT: 25 MINUTEN

Zutaten:
16 Mini-Waffelbecher mit Schokoladenglasur (innen)
50 g Erdbeeren
60 g Himbeeren
250 g Quark
100 g Mascarpone
1 EL Zucker
1 Pck. Vanillezucker
3 TL San-apart
Zuckerstreusel

Zubehör:
Spritzbeutel oder Gefrierbeutel

1. Für die Creme Erdbeeren und Himbeeren putzen, evtl. waschen und entkelchen. Beeren pürieren.

2. Quark, Mascarpone, Zucker, Vanillezucker und San-apart glatt rühren. Beerenpüree unterheben und mischen.

3. Die Creme in einen Spritzbeutel oder einen Gefrierbeutel füllen, die Ecke abschneiden und in die Waffelbecher füllen.

4. Mit Zuckerstreuseln dekorieren und servieren.

Icecream-Cookie-Sandwiches

ETWA 12 STÜCK * ZUBEREITUNGSZEIT (OHNE BACK- UND KÜHLZEIT): 30 MINUTEN

Für die Cookies:
250 g Mehl
¼ Pck. Backpulver
75 g Zucker
1 Pck. Vanillezucker
1 Prise Salz
4–5 EL Zuckerkonfetti
125 g weiche Butter
1 Ei

Für die Füllung:
12 Kugeln Lieblingseis
(z. B. Mango, Schlumpf, Pfefferminz)

Zubehör:
Nudelholz
1 Kreisausstecher (6 cm)
Eisportionierer

1. Den Backofen auf 180 °C (Ober-/Unterhitze) vorheizen. Ein Backblech mit Backpapier auslegen.

2. Das Mehl, Backpulver, Zucker, Vanillezucker, Salz und Zuckerkonfetti in eine mittelgroße Schüssel geben. Das Ei mittig auf die trockenen Zutaten geben, die Butter in Flocken verteilen und von außen nach innen alles zu einem geschmeidigen Teig kneten. Den Teig in Frischhaltefolie wickeln und etwa ½ Stunde kühlen.

3. Den Teig auf einer bemehlten Arbeitsfläche etwa 5 mm dick ausrollen. 24 Kreise ausstechen und mit etwas Abstand auf das Backblech legen.

4. Im Backofen etwa 12 Minuten goldgelb backen. Aus dem Backofen holen und auf einem Kuchengitter auskühlen lassen.

5. 12 Cookies mit je einer Kugel Eis belegen, dann einen weiteren Cookie aufsetzen und ein wenig festdrücken. Das Eis am Rand evtl. glatt streichen. Sandwiches sofort servieren oder bis zum Verzehr einfrieren.

Saftige Buttermilchwaffeln

CA. 10 DICKE WAFFELN * ZUBEREITUNGSZEIT (OHNE BACKZEIT): 15 MINUTEN

Zutaten:
250 g Butter
250 g Zucker
8 Eier (M)
1 EL Vanilleextrakt
1 Päckchen Puddingpulver (z. B. Vanille)
500 g Mehl
1 Pck. Backpulver
500 ml Buttermilch

Zubehör:
Waffeleisen für dicke Waffeln

1. Die Butter zusammen mit dem Zucker cremig aufschlagen. Dabei nach und nach die Eier hinzufügen und einzeln einrühren.

2. Das Puddingpulver, den Vanilleextrakt, Mehl und Backpulver mit in die Rührschüssel geben und alles auf niedriger Stufe zu einem glatten Teig verarbeiten. Dabei langsam die Buttermilch dazugießen.

3. Eine Kelle Teig ins gefettete Waffeleisen geben und bis zur gewünschten Bräunung backen.

Dazu passt:
Puderzucker, Apfelmus, Schokoladensoße, frische Beeren

HAPPY
PUMMEL

Waffelbites

ZUBEREITUNGSZEIT (OHNE BACKZEIT): 10 MINUTEN

Zutaten:
50 g weiche Butter
30 g Zucker
1 TL Vanillezucker
1 Prise Salz
1 Ei
150 g Mehl
1 TL Backpulver
50 ml Milch
4 gestr. EL Joghurt (3,5 %)
1 EL Puderzucker zum Bestreuen

Zubehör:
Waffeleisen

1. Die Butter mit dem Zucker und dem Vanillezucker cremig rühren. Das Salz und das Ei dazugeben und verrühren. Das Mehl mit dem Backpulver mischen und zusammen mit der Milch und dem Jogurt unter die Butter-Ei-Masse rühren.

2. Das Waffeleisen etwas einfetten und vorheizen. Für die Waffelbites pro Waffelherz etwa 1 TL Teig auf das Eisen geben und goldgelb backen. Die Waffelbites auf einem Kuchengitter auskühlen lassen. Mit Puderzucker bestreut servieren.

Schokozauber-Tartelettes

4 STÜCK * ZUBEREITUNGSZEIT (OHNE BACK- UND KÜHLZEIT): 45 MINUTEN

Für die Böden:
180 g Mehl
2 EL Kakao
100 g Butter
40 g feiner Zucker
1 Prise Salz
1 Eigelb
evtl. etwas Milch

Für die Füllung:
125 g Zartbitterschokolade
200 g Sahne
40 g Zucker
1 Pck. Vanillezucker
100 g Frischkäse

Zubehör:
4 Tarteletteförmchen
(10 cm Durchmesser)

Für die Deko:
bunte Zuckersterne oder
andere Streusel

1. Den Backofen auf 180 °C (Ober-/Unterhitze) vorheizen.

2. Aus Mehl, Kakao, Butter, Zucker, Salz und Eigelb einen Mürbeteig herstellen. Sollte der Teig zu trocken sein, ein wenig Milch unterkneten.

3. Den Teig in vier gleich große Teile schneiden und auf einer bemehlten Arbeitsfläche möglichst rund ausrollen. Die Förmchen fetten und den Teig hineindrücken, am Rand etwas hochziehen.

4. Den Teig in den Förmchen mit Backpapier bedecken und mit Backlinsen oder Hülsenfrüchten beschweren. Etwa 15 Minuten blindbacken. Das Backpapier mitsamt der Backlinsen entfernen und etwa 5 Minuten weiterbacken. Aus dem Ofen holen und auf einem Kuchengitter auskühlen lassen.

5. Für die Füllung die Schokolade hacken und in eine mittelgroße Schale füllen.

6. Sahne, Zucker und Vanillezucker in einem kleinen Topf mischen und kurz aufkochen, vom Herd ziehen und über die gehackte Schokolade geben. Abgedeckt etwa 5 Minuten ziehen lassen, dann kräftig durchrühren, bis eine homogene Masse entstanden ist. Etwas abkühlen lassen und lauwarm unter den Frischkäse rühren.

7. Die Tarteletteböden aus den Formen lösen und mit der Schokocreme füllen. Etwa ½ Stunde kühlen, dann mit Zuckersternen dekorieren.

Muffins, CUPCAKES & CO.

Blitzschneller Tassenkuchen

1 PORTION * ZUBEREITUNGSZEIT: CA. 5 MINUTEN

Für den Teig:
5 EL Milch
2 EL neutrales Speiseöl
4 EL Mehl
2 EL Backkakao
½ TL Backpulver
2 EL Zucker
1 Prise Salz
1 EL Chocolate Chips

Für die Deko:
etwas Schlagsahne
1 TL Schokoladenraspel

Zubehör:
1 Tasse

1. Milch und Speiseöl in die Tasse geben und etwas vermengen.

2. Mehl, Backkakao, Backpulver, Zucker und Salz dazugeben und umrühren, bis ein zähflüssiger Teig entsteht. Zuletzt die Chocolate Chips unterrühren.

3. Bei hoher Stufe für 60–80 Sekunden in die Mikrowelle geben.

4. Etwas Sahne auf den fertigen Tassenkuchen geben, ein paar Schokoladenraspeln darüberstreuen und warm servieren.

Love
AND BE LOVED

Schoko-Minz-Cupcakes

12 STÜCK * ZUBEREITUNGSZEIT (OHNE BACK- UND KÜHLZEIT): 30 MINUTEN

Für den Teig:
50 g Butter
130 g Zucker
1 Ei
1 Prise Salz
150 g Mehl
30 g Kakao, ungesüßt
1½ TL Backpulver
120 ml Milch
1 TL Vanilleextrakt
12 Schokoladentäfelchen After Eight

Für das Frosting:
100 g weiche Butter
40 g Puderzucker
200 g Frischkäse
100 g Mascarpone
2–3 TL Minzsirup
Lebensmittelfarbe in Grün

Für die Deko:
Minzblättchen
6 Schokoladentäfelchen After Eight

Zubehör:
Muffinbackblech
Papierbackförmchen
Spritzbeutel
Spritztülle

1. Den Backofen auf 180 °C (Ober-/Unterhitze) vorheizen. Die Papierbackförmchen auf das Muffinblech verteilen.

2. Die Butter mit dem Zucker cremig schlagen. Das Ei unterziehen und mindestens 30 Sekunden schlagen. Das Salz zusammen mit Mehl, Kakao und Backpulver zur Eimasse geben. Die Milch und den Vanilleextrakt unterrühren.

3. Den Teig in die Backformen füllen, die Schokoladentäfelchen vierteln und in den Teig drücken. Etwa 20 Minuten backen. Stäbchenprobe nicht vergessen!

4. Aus dem Ofen holen und auf einem Kuchengitter abkühlen lassen.

5. Für das Frosting die Butter hell aufschlagen. Den Puderzucker sieben und löffelweise unterschlagen. Frischkäse und Mascarpone unterheben. Den Minzsirup dazugeben und zusammen mit etwas grüner Lebensmittelfarbe verrühren.

6. Das Frosting in einen Spritzbeutel mit Sterntülle füllen und von außen nach innen auf den Cupcake drücken. Die Cupcakes mit Minzblätter und je ½ Schokoladentäfelchen dekorieren.

Mini-Käsekuchen mit Sternenkaramell

12 STÜCK * ZUBEREITUNGSZEIT (OHNE BACK- UND KÜHLZEIT): 60 MINUTEN

Für die Böden
70 g Butterkekse
40 g Butter

Für die Käsemasse
80 g Zucker
1 Prise Salz
400 g cremiger Frischkäse
200 g Schmand
3 Eier (M)
2 EL Mehl
1 TL Vanilleextrakt

Für die Soße
200 g Zucker
80 g Butter
125 ml Sahne
etwas Salz

Zubehör:
Muffinblech

1. Backofen auf 180 °C (Ober-/Unterhitze) vorheizen.

2. Für die Böden die Butterkekse fein zerbröseln und die Butter zerlassen. Die Butter gut mit den Krümeln vermengen, die Masse in die Mulden der Muffinform füllen und fest andrücken. Die Muffinform für 30 Minuten in den Kühlschrank stellen, sodass die Böden fest werden.

3. Für die Käsemasse Zucker, Salz, Frischkäse und Schmand verrühren. Nach und nach drei Eier hinzufügen. Alles mit etwas Mehl und Vanilleextrakt glatt rühren. Die Masse bis zum oberen Rand auf die Mulden des Muffinblechs verteilen und 20 Minuten backen.

4. Den Zucker im Topf bei mittlerer bis starker Hitze schmelzen lassen. Wenn er langsam anfängt zu bräunen, den Topf vom Herd nehmen und die Butter einrühren. Den Topf wieder auf die Platte stellen und unter ständigem Rühren die Sahne in den Topf gießen. Die Soße eine Minute unter weiterem ständigen Rühren kochen lassen. Eine Prise Salz hinzufügen.

5. Die Soße in eine kleine Schale oder Flasche füllen, etwas abkühlen lassen und über die Mini-Cheesecakes geben.

Riesenzimtschnecken

2 STÜCK (20 CM DURCHMESSER) * ZUBEREITUNGSZEIT (OHNE GEH- UND BACKZEIT): 30 MINUTEN

Für den Hefeteig:
250 ml warme Milch
1 Würfel Hefe
50 g Zucker
600 g Mehl
1 TL Salz
2 Eier (M)

Für die Füllung:
145 g Butter
(sehr weich)
65 g Zucker
3 TL Zimt

Für den Guss:
50 g Frischkäse
100 g Puderzucker
1 EL Milch
1 TL Vanilleextrakt

Zubehör:
2 Springformen,
je 20 cm Durchmesser

1. Für den Hefeteig die Milch etwa handwarm erwärmen, den Zucker und die Hefe einrühren und darin auflösen. Mehl, Salz und Eier in eine große Rührschüssel geben und die Hefemilch dazugießen. Alles mit der Hand oder mit dem Knethaken der Küchenmaschine zu einem glatten, elastischen Teig verarbeiten. Sollte der Teig zu sehr kleben, noch 1–2 EL Mehl einkneten.

2. Den Teig für 45–60 Minuten an einem warmen Ort gehen lassen. Das Teigvolumen sollte sich mindestens verdoppelt haben.

3. Den Backofen auf 170 °C (Ober-/Unterhitze) vorheizen.

4. Die sehr weiche Butter mit dem Zucker und dem Zimt verrühren.

5. Den Hefeteig zu einem Rechteck ausrollen und die Zimtbutter darauf verstreichen. Das Rechteck in drei lange Streifen schneiden.

6. Einen Streifen aufrollen. Sobald er endet, den zweiten und dann den dritten Streifen daranlegen und ebenfalls aufrollen. Die große Schnecke einmal waagerecht durchschneiden.

7. Zwei Springformen fetten und bemehlen und je eine Schnecke hineinlegen. Diese abgedeckt noch mal 20 Minuten gehen lassen.

8. Für den Guss Frischkäse, Puderzucker, ein wenig Milch und Vanilleextrakt glatt rühren.

9. Schnecken 20–25 Minuten goldbraun backen. Kurz in der Form abkühlen lassen und dann den Guss darauf verteilen.

Pummelschnecken mit Beerenfüllung

ETWA 12 SCHNECKEN * ZUBEREITUNGSZEIT (OHNE BACK- UND RUHEZEIT): 30 MINUTEN

Für den Teig:
40 g Zucker
200 ml lauwarme Milch
½ Würfel frische Hefe
500 g Mehl
60 g zerlassene Butter
1 Ei
1 Prise Salz

Für die Füllung:
100 g Joghurt (3,5 %)
150 g Himbeeren
150 g Heidelbeeren
80 g Zucker
1 EL Speisestärke
60 g kalte Butter

Für den Zuckerguss:
50 g Puderzucker
Zitronensaft

1. Den Zucker mit der Milch mischen und die Hefe darin auflösen. Etwa 5 Minuten quellen lassen.

2. Mehl, Butter, Ei und Salz zur Hefemischung geben und mit den Knethaken einer Küchenmaschine 10–15 Minuten durchkneten. Sollte der Teig noch zu klebrig sein, noch etwas Mehl dazugeben. Den Teig zu einer glatten Kugel formen und abgedeckt in einer sauberen Schlüssel ca. 1 Stunde an einem warmen Ort gehen lassen. Wenn der Teig sich mindestens verdoppelt hat, noch einmal durchkneten.

3. Den Teig zu einem Rechteck (ca. 40 mal 25 cm) ausrollen. Den Joghurt darauf verteilen.

4. Die Himbeeren und Heidelbeeren mit Zucker und Speisestärke mischen, ebenfalls auf dem Joghurt verteilen. Die Butter in Flocken auf die Beeren setzen.

5. Den Hefeteig der Länge nach aufrollen und in ca. 3 cm dicke Scheiben schneiden.

6. Die Schnecken mit der Schnittkante nach unten auf ein mit Backpapier belegtes Backblech legen und zugedeckt noch mal ca. 20–25 Minuten gehen lassen.

7. Den Backofen auf 160 °C (Ober-/Unterhitze) vorheizen.

8. Die Hefeschnecken etwa 25 Minuten goldbraun backen. Aus dem Ofen holen und auf einem Kuchengitter abkühlen lassen.

9. Für den Zuckerguss den Puderzucker mit dem Zitronensaft verrühren, auf den Hefeschnecken verteilen und servieren.

U BIST EINFACH
inhorntastisch!

Blaubeer-Kokos-Cupcakes

12 STÜCK * ZUBEREITUNGSZEIT (OHNE BACK- UND KÜHLZEIT): 30 MINUTEN

Für den Teig:
120 g weiche Butter
80 g Zucker
1 Pck. Vanillezucker
2 Eier
1 TL Backpulver
150 g Mehl
100 ml Kokosmilch
100 g Wild-Heidelbeeren (TK)

Für das Topping
60 g Kokosraspel
Lebensmittelfarbe in Gelb, Blau, Grün, Lila
130 g Frischkäse
2 TL Puderzucker

Zubehör:
Muffinblech
12 Papierbackförmchen
4 Gefrierbeutel

1. Den Backofen auf 180 °C (Ober-/Unterhitze) vorheizen. Die Papierförmchen auf das Muffinblech verteilen.

2. Die Butter mit dem Zucker und dem Vanillezucker cremig schlagen. Eier einzeln nacheinander unterrühren.

3. Backpulver und Mehl mischen und im Wechsel mit der Kokosmilch unter die Zucker-Ei-Mischung heben. Heidelbeeren unterziehen.

4. Den Teig auf die Förmchen verteilen und im Backofen etwa 25 Minuten backen. Stäbchenprobe nicht vergessen. Die Cupcakes aus dem Ofen holen und auf einem Kuchengitter abkühlen lassen.

5. Für die Deko die Kokosraspeln gleichmäßig auf die 4 Gefrierbeutel aufteilen. Je einen Tropfen Farbe auf die Kokosraspel geben, den Beutel verschließen und gut durchkneten.

6. Den Frischkäse mit dem Puderzucker glatt rühren. Die Cupcakes dünn mit der Creme bestreichen und in die eingefärbten Kokosraspel drücken.

Schoko-Cupcakes mit weißer Mähne

12 STÜCK * ZUBEREITUNGSZEIT (OHNE BACK- UND KÜHLZEIT): 45–60 MINUTEN

Für den Keksboden:
165 g Vollkornbutterkekse
70 g Butter (geschmolzen)
55 g Zucker

Für den Teig:
140 g Mehl
55 g Kakao
125 g Zucker
½ TL Natron
100 ml heißes Wasser
70 ml Öl
2 Eier (M)
3 EL Milch
50 g Chocolate Chips

Für die Marshmallowcreme:
Eiweiß von 4 Eiern (M)
200 g Zucker
1 TL frisch gepresster Zitronensaft
45 ml Wasser (kalt)
12 Stücke dunkle Schokolade als Deko

Zubehör
Muffinblech
mittelgroße Sterntülle
Flambierbrenner/Ofen mit Grillfunktion

1. Backofen auf 175 °C (Ober-/Unterhitze) vorheizen.

2. Für den Knusperkeksboden die Vollkornbutterkekse fein zerbröseln und mit der zerlassenen Butter und dem Zucker vermengen. Die Masse in den Mulden der Muffinform verteilen und fest andrücken. Dafür kann zum Beispiel der Boden eines Wasserglases verwendet werden. Tipp: Wenn ihr die Mulden der Muffinform vorher mit Papierförmchen auslegt, könnt ihr die Cupcakes später ganz leicht herauslösen.

3. Für den Teig Mehl, Kakaopulver, Zucker, Natron, heißes Wasser und Öl in eine Rührschüssel geben und mit einem Schneebesen verrühren. Dann die Eier und die Milch hinzufügen und ebenfalls unterrühren. Zum Schluss die Chocolate Chips unterrühren.

4. Den Teig auf den vorbereiteten Keksboden geben in die Muffinförmchen geben und ca. 25 Minuten backen. Danach die Cupcakes auf einem Gitter für 10 Minuten abkühlen lassen, diese dann aus der Muffinform lösen und vollständig abkühlen lassen.

5. Für die Marshmallow-Creme (auch Seven Minute Frosting genannt) das Eiweiß zusammen mit dem Zucker, dem Zitronensaft und dem Wasser in eine Metallschüssel geben. Unter langsamem Rühren im Wasserbad auf 60 °C erhitzen, bis sich der Zucker komplett gelöst hat.

6. Die Masse vom Wasserbad nehmen und mit dem Mixer ca. 7 Minuten lang aufschlagen (per Hand dauert es geringfügig länger), bis die Creme wieder abgekühlt ist. Sie sollte glänzend sein und feste Spitzen bilden, wenn man die Rührstäbe herauszieht.

7. Die Marshmallow-Creme in einen Spritzbeutel mit mittlerer Sterntülle füllen und auf die Cupcakes geben. Die Creme dann mit einem kleinen Flambierbrenner bräunen. Alternativ können die Cupcakes auch für kurze Zeit mit der Grillfunktion des Ofens gebräunt werden. Dafür die Cupcakes auf die oberste Schiene in den Backofen schieben.

8. Zuletzt je ein Stück dunkle Schokolade in die Creme stecken.

Eiswaffel-Cupcakes

8 STÜCK * ZUBEREITUNGSZEIT (OHNE BACK- UND KÜHLZEIT): 30–45 MINUTEN

Für den Teig:
60 g weiche Butter
40 g Zucker
1 Pck. Vanillezucker
1 Ei
75 g Joghurt (3,5%)
75 g Mehl
1 TL Backpulver

Für das Frosting:
50 g weiche Butter
30 g Puderzucker
100 g Frischkäse
100 g Mascarpone
Zitronensaft
Lebensmittelfarbe in Rosa
Zuckerperlen für die Deko

Zubehör:
8 ofenfeste Becher
ggf. Alufolie
Spritzbeutel
Sterntülle

1. Den Backofen auf 180 °C (Ober-/Unterhitze) vorheizen.

2. Die Eiswaffeln in ofenfeste Becher stellen, evtl. mit Alufolie stabilisieren.

3. Butter mit Zucker und Vanillezucker cremig schlagen. Das Ei etwa 30 Sekunden lang unterschlagen. Den Joghurt unterrühren. Mehl und Backpulver mischen und unterheben.

4. Den Teig auf die Eiswaffeln verteilen und etwa 20 Minuten backen. Stäbchenprobe nicht vergessen! Aus dem Backofen holen und auf einem Kuchengitter abkühlen lassen.

5. Für das Frosting die Butter hell aufschlagen. Puderzucker sieben und löffelweise unterschlagen. Frischkäse und Mascarpone unterrühren. Einige Spritzer Zitronensaft dazugeben.

6. Die Hälfte des Frostings rosa färben und eine Seite des Spritzbeutels damit füllen. Das restliche Frosting auf die andere Seite des Spritzbeutels geben und von außen nach innen auf den Cupcake drücken.

7. Das Frosting mit Zuckerperlen dekorieren und servieren.

Marshmallow-Pops

10 STÜCK * ZUBEREITUNGSZEIT: 15 MINUTEN

Zutaten
30 große Marshmallows
50 g Schokolade
Nüsse und Streusel
nach Belieben

Zubehör:
10 Papierstrohhalme
1 Schaschlikspieß aus Metall

1. Den Schaschlikspieß in heißes Wasser tauchen, abwischen und die Marshmallows nacheinander mittig durchstechen. Je drei Marshmallows auf einen Papierstrohhalm stecken.

2. Für die Dekoration die Schokolade hacken und über einem heißen Wasserbad schmelzen. Beiseitestellen und etwas abkühlen lassen. Die Marshmallows mit der geschmolzenen Schokolade beträufeln und sofort mit Nüssen oder Streuseln verzieren. Die Marshmallow-Pops auf einem Kuchengitter trocknen lassen.

Schoko-Bananen-Cupcakes

12 STÜCK * ZUBEREITUNGSZEIT (OHNE BACK- UND KÜHLZEIT): 45–60 MINUTEN

Für den Teig:
165 g Mehl
1 TL Backpulver
125 g brauner Zucker
125 g Puderzucker
Salz
180 g sehr reife Banane (entspricht etwa einer großen Banane)
2 Eier
1 TL Vanilleextrakt
70 ml Öl
135 ml Sahne

Für die Nuss-Nougat-Buttercreme:
Eiweiß von 4 Eiern
150 g Zucker
50 ml Wasser
250 g Butter (weich)
150 g Nuss-Nougat-Creme

Für die Füllung:
12 TL Nuss-Nougat-Creme

Für die Deko:
1–2 EL Nuss-Nougat-Creme
12–24 Bananenchips

Zubehör:
Muffinblech
Apfelentkerner
Spritzbeutel
mittelgroße Sterntülle

1. Den Backofen auf 170 °C (Ober-/Unterhitze) vorheizen.

2. Für den Teig Mehl, Backpulver, braunen Zucker, Puderzucker und eine Prise Salz vermengen.

3. Die Banane zu Püree zerdrücken und diese zusammen mit den Eiern, dem Vanilleextrakt, dem Öl und der Sahne verquirlen. Die feuchten Zutaten zu den trockenen Zutaten geben und alles zu einem glatten Teig verrühren.

4. Ein Muffinblech mit Papierförmchen auslegen, den Teig auf die Mulden verteilen und ca. 25 Minuten backen. Nach dem Backen die Cupcakes für 10 Minuten auf einem Gitter abkühlen lassen, sie dann aus der Muffinform lösen und vollständig abkühlen lassen.

5. Mit Hilfe eines Apfelentkerners oder eines kleinen Messers ein Loch in die Mitte jedes Cupcakes stechen. Dorthinein die Nuss-Nougat-Creme geben und das ausgeschnittene Stück wieder einsetzen.

6. Das Eiweiß in einer fettfreien Schüssel aufschlagen und währenddessen langsam 50 g Zucker einrieseln lassen.

7. Das Wasser zusammen mit dem restlichen Zucker in einen Topf geben und aufkochen. Anschließend ca. 3– 5 Minuten einkochen lassen und dabei immer ein Auge darauf haben.

8. Den heißen Sirup unter ständigem Rühren in einem dünnen Strahl zum Eischnee geben. Die Masse so lange schlagen, bis sie wieder abgekühlt ist. Dann esslöffelweise die Butter dazugeben und einrühren. Zuletzt die Nuss-Nougat-Creme einrühren.

9. Die Buttercreme in einen Spritzbeutel mit großer Sterntülle geben und auf die Cupcakes drücken. Nuss-Nougat-Creme in einen zweiten Spritzbeutel geben und die Cupcakes damit verzieren.

10. Pro Cupcake 1–2 Bananenchips in die Creme stecken.

Käsekuchen-Pops

20 STÜCK * ZUBEREITUNGSZEIT (OHNE BACK- UND KÜHLZEIT): 45 BIS 60 MINUTEN

Zutaten:
3 Eier
180 g Zucker
1 Prise Salz
1 kg Speisequark
50 g Mehl
1 Pck. Vanillepudding-pulver
Saft einer halben Zitrone
200 ml Milch
100 g Sahne

Für die Deko:
300 g Zartbitter-Schokolade
1 EL Kokosöl
Zuckersterne

Zubehör:
tiefes, auslaufsicheres Backblech (20 x 25 cm)
Papierstrohhalme oder Cake-Pop-Stiele

1. Den Backofen auf 180 °C (Ober-/Unterhitze) vorheizen. Das Backblech mit Backpapier auslegen.

2. Eier und Zucker cremig verschlagen. Salz und Speisequark unterrühren. Mehl und Vanillepuddingpulver mischen und zusammen mit dem Zitronensaft unter die Quarkmasse rühren. Milch und Sahne dazugeben. Alles verrühren.

3. Teig in die Backform füllen. Etwa 45 Minuten goldbraun backen. Den Käsekuchen im leicht geöffneten Backofen abkühlen lassen. Dann über Nacht im Kühlschrank durchkühlen lassen.

4. Für die Deko die Schokolade hacken und mit Kokosöl im heißen Wasserbad schmelzen. Etwas abkühlen lassen.

5. Den Käsekuchen aus der Form lösen und in ca. 20 Würfel schneiden, die Ränder evtl. begradigen. Papierstrohhalme halbieren und in die Würfel stecken.

6. Die Würfel vorsichtig in die Schokolade tauchen, abtropfen lassen, mit Zuckersternen dekorieren und auf einem Kuchengitter trocknen lassen.

Apfel-Karamell-Donuts aus dem Backofen

12 STÜCK * ZUBEREITUNGSZEIT: 25 MINUTEN

Für den Teig:
150 g Mehl
100 g Zucker
½ TL Zimt
1 TL Natron
Salz
150 ml Buttermilch
1 Ei (M)
3 EL neutrales Pflanzenöl
1 TL Vanilleextrakt/1 Tütchen Vanillezucker
1 Apfel

Für den Guss
15 weiche Sahnekaramellbonbons
15 EL Sahne
25–50 g Haselnusskrokant (für die Deko)

Zubehör:
Donut-Backblech (Alternative: Muffinblech)

1. Backofen auf 175 °C (Ober-/Unterhitze) vorheizen.

2. Mehl, Zucker, Zimt, Natron und etwas Salz in einer großen Rührschüssel miteinander vermengen.

3. Buttermilch, Ei, Öl und Vanilleextrakt in einem Messbecher kurz mit dem Schneebesen verquirlen. Zur Mehlmischung geben und kurz unterrühren.

4. Den Apfel schälen, entkernen und in feine Würfel schneiden. 100 g Apfelwürfel unter den Teig heben.

5. Den Teig auf die Mulden des gefetteten und bemehlten Donut-Backblechs verteilen und ca. 12 Minuten backen. Nach dem Backen sollten die Donuts erst kurz in der Form und dann auf einem Auskühlgitter komplett auskühlen lassen.

6. Sahnekaramellbonbons fein hacken und zusammen mit der Sahne in einen Topf geben und erhitzen, bis sich die Bonbons in der Sahne gelöst haben. Den Topf vom Herd nehmen und die Donuts von einer Seite in die Soße tunken. Sofort mit Haselnusskrokant bestreuen.

Feigen-Walnuss-Cupcakes

12 STÜCK * ZUBEREITUNGSZEIT: 40 MINUTEN

Für den Teig:
100 g Butter (weich)
150 g Zucker
3 Eier (M)
1 TL Vanilleextrakt
100 g Mehl
75 g gemahlene Mandeln
1½ TL Backpulver
½ TL Zimt
Salz
50 ml Milch
75 g Walnüsse (grob gehackt)
ca. 150 g frische Feigen (gewürfelt)

Für die Creme:
200 ml Sahne
250 g Mascarpone
2 EL Honig
1 Päckchen Gelatine Fix

Für die Deko:
3 frische Feigen
12 TL Honig

Zubehör:
Muffinblech
Sterntülle
Spritzbeutel

1. Backofen auf 175 °C (Ober-/Unterhitze) vorheizen.

2. Die Butter zusammen mit dem Zucker cremig aufschlagen. Nach und nach die Eier und den Vanilleextrakt hinzufügen.

3. Mehl, gemahlene Mandeln, Backpulver, Zimt und etwas Salz in einer separaten Schüssel mischen.

4. Mehlmischung abwechselnd mit der Milch unter die Butter-Ei-Mischung rühren. Alles mixen, bis ein glatter Teig entsteht.

5. Walnüsse und Feigen unter den Teig heben.

6. Den Teig in die Förmchen füllen und dabei Platz zur oberen Kante lassen, da der Teig noch aufgeht. 20–25 Minuten backen. Auf einem Gitter auskühlen lassen.

7. Für die Creme die Sahne fast ganz steif schlagen. In einer zweiten Schüssel Mascarpone mit Honig verrühren. Die Sahne zur Mascarpone geben und unterheben. Dabei die Gelatine einrieseln lassen.

8. Die Creme in einen Spritzbeutel mit Sterntülle füllen und auf die Cupcakes drücken.

9. Für die Deko Feigen vierteln und je ein Viertel auf die Creme setzten. Einen Löffel Honig darübergeben.

Blaubeer-Streusel-Muffins

12 STÜCK * ZUBEREITUNGSZEIT: 25 MINUTEN

Für den Teig:
300 g Mehl
2 TL Backpulver
etwas Salz
250 g Zucker
60 g Butter (weich)
50 ml neutrales Pflanzenöl
2 Eier (L)
240 ml Milch (3,5 % Fett)
1 TL Vanilleextrakt
200 g Blaubeeren

Für die Streusel:
60 g Mehl
75 g Zucker
60 g Butter

Zubehör:
Muffinblech

1. Backofen auf 190 °C (Ober-/Unterhitze) vorheizen.

2. Mehl, Backpulver, Salz, Zucker und Butter in einer großen Rührschüssel auf niedriger Stufe mixen, bis eine krümelige Konsistenz erreicht ist.

3. In einem Messbecher das Öl, Eier, Milch und Vanilleextrakt mixen und dann unter ständigem Rühren langsam zur Mehlmischung geben. Alles zügig zu einem glatten Teig verarbeiten. Zuletzt die Blaubeeren unterheben.

4. Den Teig dann auf die gefetteten und bemehlten Mulden der Muffinform verteilen.

5. Für die Streusel Mehl, Zucker und Butter zügig miteinander verkneten. Die Streusel auf den Muffins verteilen.

6. Die Muffins 20–25 Minuten backen.

7. Muffins 10 Minuten in der Form abkühlen lassen, dann herauslösen und auf einem Rost vollständig auskühlen lassen.

Cookie-Dough-Cupcakes

12 STÜCK * ZUBEREITUNGSZEIT (OHNE KÜHL- UND BACKZEIT): 45 MINUTEN

Für den Keksteig:
120 g Mehl
45 g brauner Zucker
30 g Zucker
2 EL Milch
55 g Butter (geschmolzen)
50 g Chocolate Chips

Für die Cupcakes:
140 g Mehl
55 g Kakao
125 g Zucker
½ TL Natron
100 ml heißes Wasser
70 ml Öl
2 Eier (M)
1 EL Milch
50 g Chocolate Chips

Für die Creme:
250 Butter (weich)
250 g Puderzucker
3 EL Mehl
5 EL braunen Zucker
3–5 EL Milch
2 TL Vanilleextrakt

Für die Deko:
20–30 g Chocolate Chips
12 Mini Chocolate Chip Cookies

Zubehör:
Muffinblech
Spritzbeutel
Sterntülle

1. Für den Keksteig Mehl, braunen Zucker, Zucker und Milch mit der geschmolzenen Butter vermengen. Den Teig ca. 30 Minuten abgedeckt stehen lassen.

2. Die Chocolate Chips zügig einkneten.

3. Den Teig in 12 kleine Portionen aufteilen und daraus Kugeln formen. Diese für 60 Minuten einfrieren.

4. Backofen auf 175 °C (Ober-/Unterhitze) vorheizen.

5. Für den Cupcaketeig Mehl, Kakaopulver, Zucker, Natron, heißes Wasser und Öl in eine Rührschüssel geben und mit einem Schneebesen verrühren. Das Ei hinzufügen und unterrühren. Zum Schluss die Chocolate Chips unterrühren.

6. Den Teig auf 12 Muffinmulden verteilen, je ein Bällchen aus gefrorenem Keksteig hineinsetzen und mit etwas Teig bedecken. Während des Backens taut der Keksteig auf, backt aber nicht durch, sodass die Cupcakes ein Herz aus rohem Keksteig haben.

7. Ca. 25 Minuten backen.

8. Für die Creme die Butter hell aufschlagen. Puderzucker, Mehl und braunen Zucker dazugeben und mixen, bis sich der Zucker gelöst hat. Dies kann 10–15 Minuten dauern. Vanilleextrakt und Milch während des Rührens dazugeben.

9. Die Creme in einen Spritzbeutel mit großer Sterntülle geben und auf die ausgekühlten Cupcakes drücken.

10. Mit Chocolate Chips und einem Mini Chocolate Chip Cookie dekorieren.

Funfetti-Cupcakes

12 STÜCK * ZUBEREITUNGSZEIT (OHNE BACK- UND KÜHLZEIT): 45 MINUTEN

Für den Teig:
100 g Butter (weich)
150 g Zucker
3 Eier (M)
1 TL Vanilleextrakt
175 g Mehl
1½ TL Backpulver
etwas Salz
50 ml Milch
3 EL bunte Zuckerstreusel

Für die Creme:
Eiweiß von 3 Eiern (M)
150 g Zucker
50 ml Wasser
250 g Butter (weich)

Für die Deko:
bunte Streusel, Geburtstagskerzen

Zubehör:
Muffinblech
Spritzbeutel
Sterntülle
Muffinförmchen

1. Backofen auf 175 °C (Ober-/Unterhitze) vorheizen.

2. Für den Teig die Butter zusammen mit dem Zucker cremig aufschlagen und dann nach und nach die Eier zusammen mit dem Vanilleextrakt einrühren. Das Mehl zusammen mit dem Backpulver und der Milch in die Rührschüssel geben und alles auf niedriger Stufe zu einem glatten Teig verarbeiten. Zuletzt die Zuckerstreusel kurz unterheben.

3. Den Teig auf die Muffinförmchen verteilen und 20–25 Minuten backen. Danach die Cupcakes gut abkühlen lassen.

4. Für die Creme das Eiweiß aufschlagen, dabei langsam 50 g Zucker einrieseln lassen.

5. Den restlichen Zucker zusammen mit dem Wasser in einen Topf geben, aufkochen und ca. 10 Minuten zu einem Sirup einkochen lassen. Den Sirup unter ständigem Rühren in einem dünnen Strahl zur Eiweißmasse geben und diese so lange schlagen, bis die Masse wieder abgekühlt ist. Dann die Butter in kleinen Würfeln dazugeben und einrühren. Die Creme weiter aufschlagen, bis sie fest und cremig ist.

6. Die Creme dann in einen Spritzbeutel mit großer Sterntülle füllen und auf die Cupcakes drücken. Mit bunten Streuseln und Geburtstagskerzen verzieren.

Schwarzwälder-Kirsch-Cupcakes

12 STÜCK * ZUBEREITUNGSZEIT (OHNE KÜHL- UND BACKZEIT): 45 MINUTEN

Für den Teig:
140 g Mehl
55 g Kakao
125 g Zucker
½ TL Natron
100 ml heißes Wasser
70 ml Öl
2 Eier (M)
2–3 EL Milch
300 g Süßkirschen (aus dem Glas)

Für den Sirup:
1 Tasse Kirschsaft (von den Süßkirschen aus dem Glas)
1 Tasse Zucker

Für das Topping:
400 ml Konditorsahne
1 Päckchen Sahnesteif
4 EL Puderzucker
1 TL Vanilleextrakt
Schokoladenraspeln (zartbitter)
12 Cocktailkirschen mit Stiel

Zubehör:
Muffinblech
Spritzbeutel
Sterntülle

1. Den Backofen auf 175 °C (Ober-/Unterhitze) vorheizen.

2. Mehl, Kakaopulver, Zucker, Natron, heißes Wasser und Öl in eine Rührschüssel geben und mit einem Schneebesen verrühren. Die Eier hinzufügen und unterrühren.

3. Die Kirschen abtropfen lassen und dabei eine Tasse Saft auffangen. 300 g Kirschen unter den Teig heben.

4. Den Teig auf 12 Muffinförmchen verteilen und ca. 25 Minuten backen.

5. Für den Sirup den aufgefangenen Kirschsaft mit einer Tasse Zucker in einen Topf geben und einmal aufkochen lassen. Dann köcheln lassen, bis die Flüssigkeit klar ist.

6. In die noch warmen Cupcakes mit einer Gabel kleine Löcher stechen und Kirschsirup darüberträufeln. Komplett auskühlen lassen.

7. Für das Topping die Sahne zusammen mit dem Sahnesteif, dem Puderzucker und dem Vanilleextrakt aufschlagen. Die Sahne in einen Spritzbeutel mit großer Sterntülle füllen und auf die Cupcakes geben. Diese mit Schokoladenraspeln und je einer Cocktailkirsche dekorieren.

Bunte Pummel-Cupcakes

12 STÜCK * ZUBEREITUNGSZEIT (OHNE BACK- UND KÜHLZEIT): 60 MINUTEN

Für den Teig:
100 g Butter (weich)
150 g Zucker
3 Eier (M)
1 TL Vanilleextrakt
175 g Mehl
1½ TL Backpulver
etwas Salz
50 ml Milch
75 g Chocolate Chips

Für die Creme:
250 g Butter (weich)
400 g Puderzucker
2–4 EL Milch
1 TL Vanilleextrakt
Lebensmittelfarbe in Gelb, Rot, Lila, Blau und Grün

Zubehör:
Muffinblech
bunte Papierförmchen
Spritzbeutel
Sterntülle

1. Den Backofen auf 175 °C (Ober-/Unterhitze) vorheizen.

2. Für den Teig die Butter zusammen mit dem Zucker cremig aufschlagen. Nach und nach die Eier zusammen mit dem Vanilleextrakt einrühren.

3. Das Mehl zusammen mit dem Backpulver, einer Prise Salz und der Milch dazugeben und alles auf niedriger Stufe zu einem glatten Teig verarbeiten. Zuletzt die Chocolate Chips unterheben.

4. Den Teig auf die Muffinförmchen verteilen und 20–25 Minuten backen. Gut abkühlen lassen.

Für die Creme die Butter hell aufschlagen. Den Puderzucker dazusieben und die Masse für 10–15 Minuten aufschlagen. Währenddessen die Milch und den Vanilleextrakt dazugeben. Die Creme auf 5 Schälchen aufteilen und jeweils gelb, rot, lila, blau und grün einfärben.

5. Einen Streifen Frischhaltefolie quer auf die Arbeitsfläche legen. Die bunten Cremes mit einem Löffel in parallelen Linien auf die Frischhaltefolie geben. Die Frischhaltefolie längs umklappen und zu einer Rolle drehen. Auf einer Seite einschneiden und die Rolle mit der Öffnung nach unten in den Spritzbeutel mit der Sterntülle gleiten lassen. Die Creme auf die Cupcakes drücken.

Mini-Zitronen-Gugl

24 STÜCK * ZUBEREITUNGSZEIT (OHNE BACK- UND KÜHLZEIT): 25 MINUTEN

Zutaten:
120 g weiche Butter
90 g Zucker
1 Prise Salz
2 Eier
½ Vanilleschote
160 g Mehl
1 TL Backpulver
Abrieb und Saft einer Bio-Zitrone
100 ml Buttermilch

Für die Deko:
100 g Puderzucker, gesiebt
1–2 TL Zitronensaft
Zuckerperlen

Zubehör:
2 Silikonformen für Mini-Gugl
Backtrennspray

1. Den Backofen auf 180 °C (Ober-/Unterhitze) vorheizen. Die Backformen mit Backtrennspray einsprühen.

2. Die Butter mit dem Zucker und dem Salz cremig schlagen. Die Eier nacheinander unterschlagen, mindestens 30 Sekunden pro Ei. Die Vanilleschote aufschlitzen und das Mark herauskratzen. Das Mark zusammen mit dem Mehl und dem Backpulver zur Eimasse geben. Zusammen mit dem Zitronenabrieb, -saft und der Buttermilch unterrühren.

3. Den Teig in die Backformen füllen und im vorgeheizten Backofen etwa 17 Minuten backen. Stäbchenprobe nicht vergessen! Aus dem Ofen holen, kurz abkühlen lassen und dann auf ein Kuchengitter stürzen. Die Mini-Gugl abkühlen lassen.

4. Aus dem Puderzucker, Zitronensaft und etwas Wasser einen dickflüssigen Zuckerguss herstellen. Den Zuckerguss auf die Mini-Gugl geben und mit Zuckerperlen verzieren.

Einhorn-Cookies
& FRIENDS

Pummels liebste Chocolate Chip Cookies

16–18 STÜCK (2 BLECHE) * ZUBEREITUNGSZEIT (OHNE BACK- UND KÜHLZEIT): 15 MINUTEN

Zutaten:
125 g Butter (weich)
165 g Zucker
1 TL Vanilleextrakt
1 Ei (M)
200 g Mehl
1 Prise Salz
80 g Mini Chocolate Chips
25 g große Chocolate Chips

Zubehör:
Backblech
ggf. Eiscremelöffel

1. Den Backofen auf 175 °C (Ober-/Unterhitze) vorheizen.

2. Die weiche Butter mit dem Zucker und dem Vanilleextrakt verrühren. Das Ei einrühren. Mehl und eine Prise Salz hinzufügen und alles zu einem glatten, formbaren Teig verkneten. Zuletzt die Mini Chocolate Chips einkneten.

3. Kleine Portionen vom Teig abstechen, zu Kugeln formen und mit ausreichend Abstand auf einem mit Backpapier ausgelegtem Backblech flach drücken.

4. Die großen Chocolate Chips darauf verteilen.

5. Die Cookies ca. 12 Minuten backen. Die Ränder sollten goldbraun sein.

6. Die Cookies mit dem Backpapier vom Blech ziehen und auf einem Gitter vollständig auskühlen lassen.

Tipp:
Besonders gleichmäßig lässt sich der Teig mit einem kleinen Eiscremelöffel portionieren.

Bunte Keksteigpralinen

13–15 STÜCK * ZUBEREITUNGSZEIT (OHNE KÜHLZEIT): 30 MINUTEN

Zutaten:
120 g Mehl
45 g brauner Zucker
30 g weißer Zucker
55 g Butter (geschmolzen)
2 EL bunte Zuckerstreusel
150 g Kuvertüre (z. B. zartbitter)

1. Mehl, braunen und weißen Zucker in einer Rührschüssel mischen. Die geschmolzene Butter dazugeben und alles zu einem glatten Teig verkneten. Zuletzt die bunten Streusel einkneten.

2. Kleine Portionen vom Teig abstechen und zu mundgerechten Kugeln formen.

3. Die Kuvertüre fein hacken und im Wasserbad schmelzen. Die Cookie Dough Kugeln mit der geschmolzenen Schokolade überziehen und diese fest werden lassen.

Schokoladen-Whoopies mit Kirschgrütze

6 STÜCK * ZUBEREITUNGSZEIT (OHNE BACK- UND KÜHLZEIT): 30 BIS 45 MINUTEN

Für den Teig:
100 g dunkle Schokolade
100 g Butter
125 g Zucker
3 Eier
200 g Mehl
1 TL Backpulver
1 Pck. Vanillepuddingpulver
1 EL Kakao

Für die Füllung:
150 g Sahne
1 Pck. Sahnesteif
100 g Frischkäse
1 EL Puderzucker
1 Pck. Vanillezucker
1 Spritzer Zitronensaft
6 EL Kirschgrütze

Zubehör:
Eisportionierer
Spritzbeutel
Sterntülle

1. Den Backofen auf 180 °C (Ober-/Unterhitze) vorheizen. Ein Backblech mit Backpapier auslegen.

2. Die Schokolade hacken und im heißen Wasserbad schmelzen. Zum Abkühlen beiseitestellen.

3. Butter und Zucker cremig schlagen. Die Eier nacheinander unterschlagen, jedes etwa 30 Sekunden. Die Schokolade dazugeben und unterrühren. Das Mehl, Backpulver, Vanillepuddingpulver und Kakao mischen und unter die Butter-Ei-Masse heben.

4. Mit dem Eisportionierer 12 Kugeln mit etwas Abstand auf ein oder zwei Bleche setzen und etwa 12 Minuten backen. Die Whoopie-Hälften aus dem Backofen holen und auf einem Kuchengitter abkühlen lassen.

5. Für die Füllung die Sahne steif schlagen. Sahnesteif dabei einrieseln lassen. Frischkäse mit Puderzucker, Vanillezucker und Zitronensaft glatt rühren. Die Sahne vorsichtig unterheben.

6. Die Creme in einen Spritzbeutel mit Sterntülle füllen und auf 6 Whoopie-Hälften einen Kreis drücken. In den Frischkäsering je einen EL Kirschgrütze geben, mit einer weiteren Whoopie-Hälfte belegen und servieren.

Wunderzimt-Cookies

CA. 20 STÜCK (2 BLECHE) * ZUBEREITUNGSZEIT (OHNE BACK- UND KÜHLZEIT): 20 MINUTEN

Zutaten:
165 g Butter (weich)
175 g Zucker
2 Eier (M)
1 TL Vanilleextrakt oder ein Tütchen Vanillezucker
335 g Mehl
etwas Salz
75 g Zucker
1 EL Zimt

1. Den Backofen auf 175 °C (Ober-/Unterhitze) vorheizen.

2. Die Butter zusammen mit dem Zucker cremig aufschlagen. Nach und nach die Eier zusammen mit dem Vanilleextrakt einrühren. Das Mehl mit dem Salz vermengen, zur Butter-Ei-Mischung geben und alles mit zu einem glatten, geschmeidigen Teig verarbeiten.

3. Aus dem Teig kleine Kugeln rollen. Zimt und Zucker mischen und die Teigkugeln darin wälzen.

4. Mit ausreichend Abstand auf ein mit Backpapier ausgelegtes Backblech geben und flach drücken. Die Oberfläche vorsichtig mit noch etwas von der Zimt-Zucker-Mischung einreiben. 8–10 Minuten backen.

5. Die Cookies mit dem Backpapier vom Blech ziehen und auf einem Gitter vollständig auskühlen lassen.

Knusprige Ein-Hörner

CA. 40 STÜCK * ZUBEREITUNGSZEIT (OHNE BACK- UND KÜHLZEIT): 30 MINUTEN

Für den Teig:
250 g Mehl
¼ Pck. Backpulver
90 g Zucker
1 Prise Salz
1 Ei
125 g weiche Butter

Für die Deko:
50 g Zartbitterschokolade
½ TL Kokosöl
Zuckerstreusel

Zubehör:
Nudelholz

1. Den Backofen auf 180 °C (Ober-/Unterhitze) vorheizen. Ein Backblech mit Backpapier auslegen.

2. Mehl, Backpulver, Zucker und Salz in eine mittelgroße Schüssel geben. Das Ei mittig auf das Mehl geben, die Butter in Flocken auf dem Mehl verteilen. Alles von außen nach innen zu einem geschmeidigen Teig kneten. Den Teig in Frischhaltefolie wickeln und etwa ½ Stunde im Kühlschrank ruhen lassen.

3. Den Teig auf einer bemehlten Arbeitsfläche zu einem etwa 1 cm dicken Rechteck ausrollen, dann in Stäbchen (12 x 1 cm) schneiden und mit etwas Abstand auf das Backblech legen.

4. Im Backofen 12–14 Minuten goldgelb backen. Danach auf einem Kuchengitter auskühlen lassen.

5. Für die Deko die Schokolade hacken und im heißen Wasserbad schmelzen. Etwas abkühlen lassen. Die Sticks etwa zu ¼ in die Schokolade tauchen, ein wenig abtropfen lassen und mit Zuckerstreusel dekorieren.

Schoko-Cookies mit Naschkern

CA. 16 STÜCK * ZUBEREITUNGSZEIT (OHNE KÜHLZEIT): 45–60 MINUTEN

Zutaten:
16 halbe TL Nuss-Nougat-Creme (für die Füllung)
125 g Butter (weich)
175 g brauner Zucker
1 TL Vanilleextrakt
2 TL Nuss-Nougat-Creme
1 Ei (M)
1 Prise Salz
150 g Mehl
1 TL Backpulver
50 g Kakao
50 g Mini Chocolate Chips

1. Mit einem Teelöffel ca. 16 kleine Kleckse Nuss-Nougat-Creme auf etwas Backpapier oder eine Silikonunterlage geben und diese für ca. 30 Minuten einfrieren.

2. Die weiche Butter zusammen mit dem braunen Zucker und dem Vanilleextrakt in einer großen Schüssel zu einer cremigen Masse aufschlagen, dann das Ei und 2 TL Nuss-Nougat-Creme dazugeben und unterrühren.

3. Danach Mehl, Backpulver, Salz und Kakao in die Schüssel geben. Vorsichtig unterrühren und mit dem Mixer auf einer niedrigen Stufe zu einem glatten Teig verarbeiten.

4. Kleine Portionen Teig abstechen und auf der Hand flach drücken. Dann einen gefrorenen Nuss-Nougat-Creme-Drops drauflegen und diesen mit dem Teig umschließen. Zu einer Kugel formen und auf einem mit Backpapier ausgelegtem Backblech platzieren. Alle Kugeln fertig rollen. Der Nuss-Nougat-Creme-Kern wird schnell wieder weich. Sobald dies geschehen ist, einige Chocolate Chips auf den Cookies verteilen und die Cookies auf dem Blech etwas platt drücken.

5. Gebacken werden die Cookies im vorgeheizten Backofen bei 175° Ober- und Unterhitze für ca. 10–12 Minuten.

6. Bitte aufpassen: Nach dem Backen sind die Cookies noch extrem weich. Sie sollten für 2 Minuten auf dem Blech auskühlen, ehe sie vorsichtig mit einem Pfannenwender heruntergehoben werden können und auf einem Auskühlgitter komplett abkühlen sollten.

BAKE

Brownie-Cookies

CA. 20 STÜCK * ZUBEREITUNGSZEIT (OHNE BACK- UND KÜHLZEIT): 20 MINUTEN

Zutaten:
100 g dunkle Schokolade
180 g Mehl
100 g Kakao
180 g Puderzucker
etwas Salz
1 TL Backpulver
1 TL Vanilleextrakt
1 Ei
285 g griechischer Joghurt

1. Den Backofen auf 180 °C (Ober-/Unterhitze) vorheizen. Ein Backblech mit Backpapier auslegen.

2. Die dunkle Schokolade hacken und in eine separate Schüssel füllen.

3. Mehl, Kakaopulver, Puderzucker, Salz, Backpulver und Vanilleextrakt in eine große Rührschüssel geben, Ei und griechischen Joghurt unterziehen und zu einem glatten, dunklen Teig verarbeiten. Zuletzt die gehackte Schokolade dazugeben und unterrühren.

4. Mit einem kleinen Eisportionierer oder zwei Esslöffeln den Teig auf dem Backblech verteilen. Die Hände etwas befeuchten, um die Teigportionen auf dem Backblech etwas runder zu machen und etwas flach zu drücken.

5. Im Backofen 10–12 Minuten backen.

Cerialien-Cookies

20 –24 COOKIES * ZUBEREITUNGSZEIT (OHNE BACK- UND KÜHLZEIT): 20 MINUTEN

Zutaten:
125 g Butter (weich)
170 g Zucker
1 Ei (M)
1 TL Vanilleextrakt
200 g Mehl
etwas Salz
1 gehäufter EL Kakaopulver und 2 EL Milch für die dunkle Variante
50 g Cornflakes
50 g Schokoflocken

1. Den Backofen auf 180 °C (Ober-/Unterhitze) vorheizen. Ein Backblech mit Backpapier auslegen.

2. Die Butter mit dem Zucker kurz cremig aufschlagen. Das Ei und den Vanilleextrakt hinzufügen und unterrühren. Danach Mehl und Salz in die Schüssel geben und alles zu einem glatten Teig verarbeiten.

3. Den Teig gleichmäßig auf zwei Schüsseln aufteilen. In die eine Schüssel Cornflakes geben und diese vorsichtig unterheben. In die zweite Teigportion etwas Kakaopulver und Milch einkneten. Die Schokoflocken unterheben.

4. Mit einem Löffel kleine Portionen abstechen, zu Kugeln formen und diese auf dem Backpapier etwas platt drücken und mit ausreichend Abstand darauf platzieren.
Ca. 12 Minuten backen.

Riesige Chocolate Chip Cookies mit Schokolinsen

2 RIESEN-COOKIES * ZUBEREITUNGSZEIT (OHNE BACK- UND KÜHLZEIT): 20 MINUTEN

Zutaten:
125 g Butter (weich)
100 g brauner Zucker
70 g weißer Zucker
1 Ei (M)
1 TL Vanilleextrakt
200 g Mehl
60 g Chocolate Chips (mini oder normal)
20 g Chocolate Chips (groß)
100 g bunte Schokolinsen (z. B. mit Erdnuss)

Zubehör:
2 Springformen mit 20 cm Durchmesser

1. Den Backofen auf 175 °C (Ober-/Unterhitze) vorheizen.

2. Die Butter zusammen mit dem braunen und dem weißen Zucker cremig aufschlagen. Das Ei und den Vanilleextrakt hinzufügen und einrühren. Mehl mit in die Rührschüssel geben und alles zu einem glatten Teig verkneten. Zuletzt 50 g Chocolate Chips (mini oder normal) einkneten.

3. Den Keksteig in zwei gleich große Portionen aufteilen. Je eine Springform mit 20 cm Durchmesser fetten und bemehlen. Den Teig auf dem Boden der Form flach drücken. Schokolinsen mit Erdnüssen und große Chocolate Chips darauf verteilen.

4. Im vorgeheizten Backofen 20–25 Minuten backen. Danach die Cookies in der Form abkühlen lassen, erst dann herauslösen.

Tipp:
Wenn du nur eine Springform mit 20 cm Durchmesser hast, backe die Kekse nacheinander.

Salzbrezel-Karamell-Cookies

CA. 12 STÜCK (2 BLECHE) * ZUBEREITUNGSZEIT (OHNE BACK- UND KÜHLZEIT): 25 MINUTEN

Für den Teig:
125 g Butter
100 g brauner Zucker
70 g weißer Zucker
1 Ei (M)
25 g Salzbrezel
190 g Mehl
60 g Chocolate Chips

Für das Topping:
65 g weiche Sahnekaramellbonbons
40 g Chocolate Chips
50 g Salzbrezel

Zubehör:
Nudelholz

1. Den Backofen auf 175 °C (Ober-/Unterhitze) vorheizen. Ein Backblech mit Backpapier auslegen.

2. Die Butter zusammen mit dem braunen und weißen Zucker aufschlagen, bis sich der Zucker etwas gelöst hat. Das Ei unterrühren.

3. 25 g Salzbrezel in einen Gefrierbeutel geben und mit einem Nudelholz darüberrollen, sodass diese fein zerbröselt werden. Die gemahlenen Salzbrezel mit dem Mehl vermengen, zur Butter-Ei-Masse geben und alles zu einem geschmeidigen Keksteig verkneten. Zuletzt 60 g Chocolate Chips einkneten.

4. Für das Topping die Sahnekaramellbonbons klein hacken, die Salzbrezeln grob hacken und alles mit den Chocolate Chips vermischen.

5. Kleine Portionen vom Teig abnehmen, zu Kugeln formen und in das Topping dippen. Die Teigkugeln mit ausreichend Abstand auf das Backblech legen und leicht platt drücken. Sollte noch Topping übrig sein, nachdem alle Cookies hineingedippt wurden, den Rest nun auf den Cookies verteilen. Im Backofen 10–12 Minuten backen.

Süßer Pummelspeck

ZUBEREITUNGSZEIT (OHNE KÜHLZEIT): 20–30 MINUTEN

Für die helle Schicht
250 g Puderzucker
1 TL Vanilleextrakt
150 ml Wasser
2 Pck. gemahlene Gelatine
4 EL bunte Zuckerstreusel

Für die rosa Schicht
125 g Puderzucker
75 ml Kirschsaft
1 Pck. gemahlene Gelatine
Lebensmittelfarbe in Rosa

Zubehör:
Auflaufform 20 x 30 cm
1 EL neutrales Speiseöl
1 EL Speisestärke
1 EL Puderzucker

1. Die Auflaufform mit dem Öl einreiben. Speisestärke und Puderzucker vermengen, in ein Sieb geben und die Form damit bepudern.

2. Mit der hellen Schicht beginnen. Dafür den Puderzucker zusammen mit dem Vanilleextrakt in eine große Rührschüssel geben. Dann das Wasser in einen Topf geben und die Gelatine für ca. 2 Minuten darin quellen lassen. Erhitzen und kurz aufkochen lassen. Zum Puderzucker geben und für ca. 4 Minuten aufschlagen. Die Masse sollte Spitzen bilden. 3 EL der bunten Streusel dazugeben und gut einrühren.

3. Die Masse in die vorbereitete Auflaufform geben und glatt streichen.

4. Für die rosa Schicht den Puderzucker in eine große Rührschüssel geben. Den Kirschsaft in einen Topf geben und die Gelatine für ca. 2 Minuten darin quellen lassen. Erhitzen und kurz aufkochen lassen. Zum Puderzucker geben und für ca. 4 Minuten aufschlagen. Die Masse sollte Spitzen bilden.

5. Die rosa Masse über die helle Masse in der Auflaufform geben und ebenfalls glatt streichen. Die übrigen bunten Streusel darübergeben. Den Marshmallow-Block großzügig mit der restlichen Puderzucker-Speisestärke-Mischung bestäuben.

6. 2 Stunden fest werden lassen.

7. In mundgerechte Würfel schneiden und die Schnittkanten mit der Puderzucker-Speisestärke-Mischung bestäuben.

Tipp:
Das Glattstreichen und Schneiden der Marshmallow-Masse funktioniert am besten, wenn ihr euer Werkzeug zuvor etwas mit neutralem Speiseöl einreibt.

Mein liebes Diät-Tagebuch,
heute habe ich alle Cookies aus dem Haus
entfernt. Sie haben supi geschmeckt!
In Liebe, Dein Pummi
DIÄT

Glitzerwelt-Fudge

ZUBEREITUNGSZEIT (OHNE KÜHLZEIT): 20 MINUTEN

Zutaten:
375 g weiße Schokolade
300 g gezuckerte Kondensmilch
1 EL Butter
Lebensmittelfarbe in Pink oder Rosarot
Mini-Marshmallows und bunte Zuckerstreusel als Deko

Zubehör:
Auflaufform (18 x 15 cm)

1. Eine Auflaufform mit Frischhaltefolie auskleiden.

2. Die Schokolade zusammen mit der gezuckerten Kondensmilch und der Butter in eine große Metallschüssel geben und im heißen Wasserbad schmelzen. Die Lebensmittelfarbe hinzufügen.

3. Die Masse in die vorbereitete Auflaufform füllen, glatt streichen und sofort Mini-Marshmallows und bunte Streusel darübergeben.

4. Die Masse für 3–4 Stunden abkühlen lassen. In mundgerechte Quadrate schneiden.

Kaltes Einhorn

CA. 16 STÜCK * ZUBEREITUNGSZEIT (OHNE KÜHLZEIT): 20 MINUTEN

Zutaten:
700 g Zartbitterchokolade (mind. 70 % Kakao)
2 EL Kokosöl
200 g bunte Schokolinsen
100 g Marshmallows
150 g Mini-Butterkekse (-Doppelkekse)
2 EL Zuckerstreusel

Zubehör:
tiefes Backblech (20 x 25 cm)

1. Die Schokolade hacken und mit Kokosöl im heißen Wasserbad schmelzen. Beiseitestellen und etwas abkühlen lassen. Ein tiefes Backblech mit Backpapier auslegen.

2. Je 1–2 EL der Schokolinsen, Marshmallows und Kekse beiseitestellen.

3. Die Marshmallows evtl. halbieren und mit den restlichen Zutaten in einer großen Schüssel mischen. Die Schokolade dazugeben und mischen. Alles in das Backblech füllen, glatt streichen und etwas andrücken.

4. Die beiseitegestellten Zutaten auf die Schokoladenmasse geben und andrücken. Mindestens 4 Stunden fest werden lassen. Danach aus der Form lösen und in etwa 16 Stücke schneiden.

REGENBOGENBUNTE SMOOTHIES, Bowls und Shakes

Pummelfee-Smoothie-Bowl

3 SCHÄLCHEN * ZUBEREITUNGSZEIT: 15 MINUTEN

Zutaten:
1 Drachenfrucht
250 g Himbeeren
2 EL zarte Haferflocken
2-3 EL Honig
300 ml Kokosmilch aus der Dose
Himbeeren, Zuckerstreusel, Kokosraspel, Schokolade nach Belieben als Deko

Zubehör:
Hochleistungsblender, kleiner Kugelausstecher

1. Die Drachenfrucht halbieren und so viele Kugeln ausstechen wie möglich.

2. Restliches Fruchtfleisch aus der Frucht lösen und zusammen mit Himbeeren, Haferflocken, Honig und Kokosmilch pürieren.

3. Alles auf Schälchen verteilen und mit den Drachenfruchtkugeln, Himbeeren, Zuckerstreusel, Kokosraspel und Schokolade dekorieren.

Oreo-Nicecream-Shake

1–2 GLÄSER * ZUBEREITUNGSZEIT (OHNE KÜHLZEIT): 15 MINUTEN

Für den Shake:
12 Oreos (Schokoladenkekse mit Cremefüllung)
400 g gefrorene Bananenstücke
400 ml Mandelmilch

Für die Deko:
50 g Sahne
1 TL Vanillezucker
1 Oreo-Keks
Mini-Marshmallows

Zubehör:
Hochleistungsmixer
Spritzbeutel
Sterntülle

1. Schokoladenkekse, Bananenstücke und Mandelmilch im Mixer fein pürieren und in ein Glas füllen.

2. Die Sahne mit dem Vanillezucker steif schlagen, in den Spritzbeutel mit Sterntülle füllen und auf den Shake geben.

3. Den Schokoladenkeks zerbröseln und mit den Mini-Marshmallows auf den Shake geben.

yum
yum
yum

Hot-Chocolate-Sticks aus weißer Schokolade

4 STÜCK * ZUBEREITUNGSZEIT (OHNE KÜHLZEIT): 20 MINUTEN

Zutaten:
250 g weiße Schokolade
3 EL Mini-Marshmallows
1 EL Zuckerperlen

Zubehör:
4 kleine Joghurtbecher
4 Holzlöffel oder Holzstäbchen

1. Die Joghurtbecher waschen und trocknen.

2. Die Schokolade hacken und im heißen Wasserbad schmelzen. Etwas abkühlen lassen, dann in die Joghurtbecher füllen. Die Holzlöffel hineinstecken. Zuckerstreusel und Mini-Marshmallows auf die Schokolade geben und etwas andrücken.

3. Sobald die Schokolade durchgehärtet ist, können die Sticks aus den Bechern gelöst werden.

Tipp:
Für eine Tasse heiße Schokolade etwa 150 ml Milch erhitzen und einen Stick darin auflösen. Die heiße Schokolade kann mit Schlagsahne, Marshmallows und Zuckerstreuseln getoppt werden.

Traum in Pink

1 GROßES GLAS * ZUBEREITUNGSZEIT: 15 MINUTEN

Für den Shake:
100 g Sauerkirschen, entsteint
200 g Himbeeren
1½ EL Haferflocken
300 ml Milch
1–2 EL Honig

Für die Deko:
100 g weiße Schokolade
Zuckerperlen nach Belieben
50 ml Sahne
¼ Pck. Vanillezucker
Mini-Marshmallows
Brauseflummis

Zubehör:
Hochleistungsmixer
Spritzbeutel
Sterntülle

1. Für die Deko die Schokolade hacken und im heißen Wasserbad schmelzen. Beiseitestellen und etwas abkühlen lassen.

2. Ein großes Trinkglas mit der Öffnung in die flüssige Schokolade tauchen und mit Zuckerperlen bestreuen. Das Glas für ein paar Minuten in den Gefrierschank stellen.

3. Für den Shake Sauerkirschen, Himbeeren, Haferflocken und Milch in einen Mixer füllen und fein pürieren. Nach Geschmack mit Honig süßen. Den Shake in das Glas füllen.

4. Die Sahne steif schlagen und Vanillezucker dabei einrieseln lassen. Die Sahne in einen Spritzbeutel mit Sterntülle füllen und auf den Shake drücken. Mit Zuckerperlen, Mini-Marshmallows und Brauseflummis dekorieren und servieren.

Mein Lieblingsrezept

FÜR ________ STÜCK/PERSONEN

Zutaten: